Bruno Haberzettl

Brunos Tierleben

UEBERREUTER

ISBN 978-3-8000-7480-8
Alle Rechte vorbehalten. Das Werk darf – auch teilweise –
nur mit Genehmigung des Verlages wiedergegeben werden.
Coverillustration: Bruno Haberzettl
Cover und Gestaltung: Maria Schuster
Copyright © 2010 by Verlag Carl Ueberreuter, Wien
Druck: Druckerei Theiss GmbH, A-9431 St. Stefan i. L.
1 3 5 7 6 4 2

Ueberreuter im Internet: www.ueberreuter.at

Lieber Leser!

Die im vorliegenden Buch handelnden Personen sowie Geschehnisse und Örtlichkeiten entspringen nicht der kranken Fantasie des Zeichners, sondern sind vollkommen real!

Dieses Buch ist als Lehrunterlage für den Biologieunterricht an den allgemein bildenden höheren Schulen und den universitären Zoologieunterricht konzipiert und auch so wärmstens zu empfehlen.

Ihr Bruno Haberzettl

Balz und Imponiergehabe

Um gebührlichen Eindruck zu hinterlassen, verfärbt sich der männliche Kehlsack zuweilen in ein leuchtendes Rot. In gut einsehbarer Position verweilend, wird dieser dann so stark aufgebläht, dass er fast bis zur Nasenspitze heranreicht. In diesem Zustand verharrt das Männchen so lange wie nötig.
Eine Verhaltensauffälligkeit, die bei »modernen« Lebensbedingungen vermehrt auch bei Weibchen beobachtet werden kann ...

Auf der Flucht …

General Motors – ein Autoschicksal ...

Die Justizministerin im Einsatz ...

Neues aus der Schweiz! Die Kuckucksuhr Marke Revolutionsführer Gadafi ...

Gesicherte Weihnachtskreuzfahrt im Schatten der Piraterie ...

Wahlkampf auf österreichisch …

Karl-Heinz Grasser: Zurück in der Wirtschaft ...

Eines der vielen Gesichter von Not und Armut

Nach dem UNI-Massaker steht die amerikanische Öffentlichkeit unter Schock!
Wie konnte so was nur passieren?

Ohne Worte

Silvio, der Klotz am Stiefel ...

Kraftdemonstration beim traditionellen SPÖ-Sommerfest ...

Herbst 2008! Der Stimmzettel ist bei dieser Wahl so groß wie nie! –
Eine wahlwerbende Gruppe, die uns noch gefehlt hätte …

Wie die Wiener Luxusmesse zeigt, wird für manche trotz Wirtschaftskrise
das Weihnachtsfest etwas üppiger ausfallen ...

ÖVP – wieder die Partei der »Bunten Vögel«! Die SPÖ ortet eher Chaos beim Regierungspartner ...

Eine Kompromisslösung

Paarungszeit

Bei den meisten Spezien aus Sicherheitsgründen auf nur kurze Momente beschränkt, ist die Paarungszeit bei wenigen, leidgeprüften Arten ein bedrohlicher Dauerzustand.
Alles Denken und Streben wird einzig dem Paarungsdrang unterstellt. Um besonders begehrenswert zu erscheinen, werden vom Weibchen die sekundären Geschlechtsmerkmale, oftmals chirurgisch optimiert, geschickt und raffiniert präsentiert. Dies führt wiederum dazu, dass beim Männchen die Durchblutungsprioritäten zulasten der Gehirntätigkeit auf den Kopf gestellt werden. Achtung Autofahrer! In diesem Zustand ist bei beiden (Männchen und Weibchen) der Vertrauensgrundsatz nicht anwendbar.

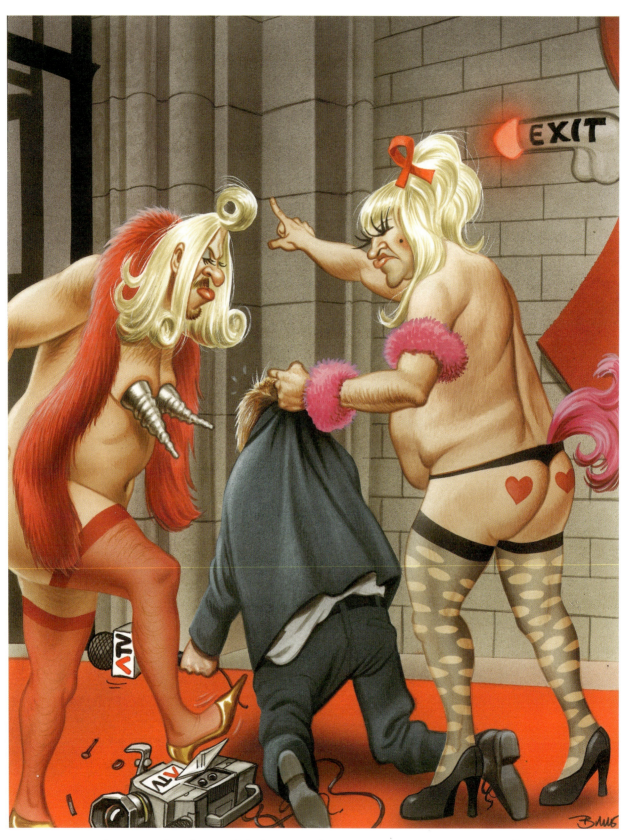

Bei unzufriedenstellender Berichterstattung über den Lifeball
ist mit rigorosen Maßnahmen der Ballordner zu rechnen ...

Universum spezial – der Bienentanz

Restrukturierungsmaßnahmen zur Wiederbelebung der AUA

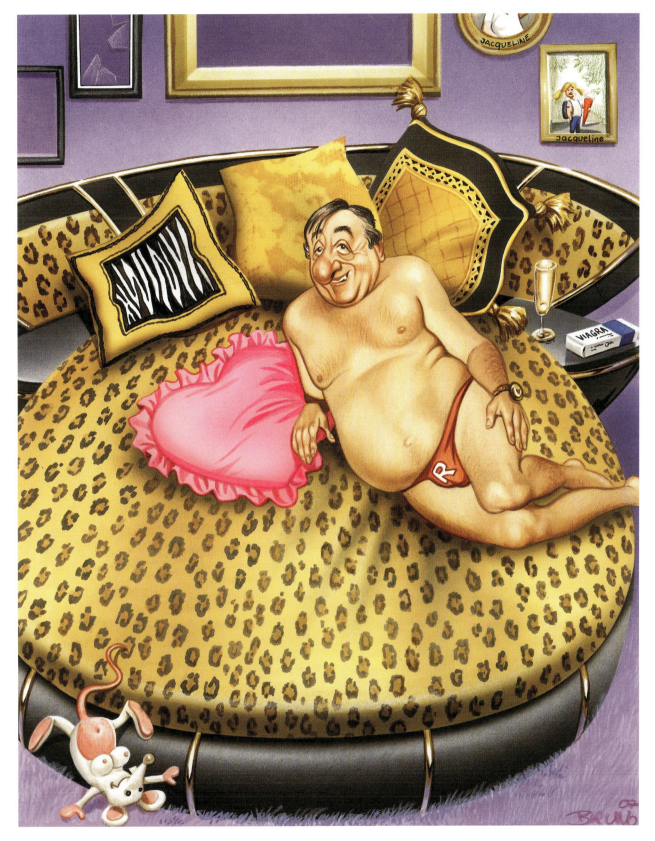

Lugners Liebesgeschichten und Heiratssachen

Eine Bundesregierung voller Paradoxie! – Neben einem pazifistischen Verteidigungsminister Andrea Kdolsky als Ministerin für Gesundheit und Familie …

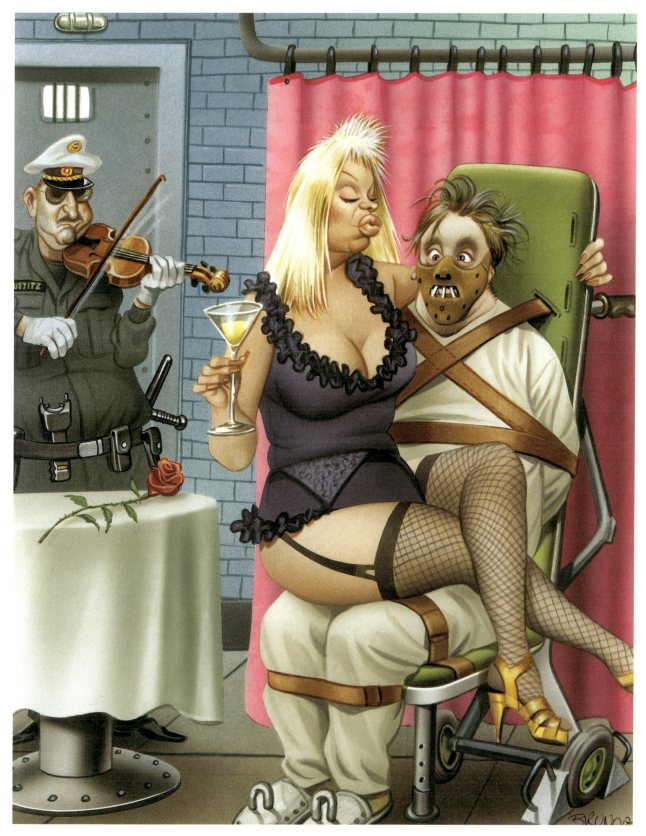

Kuschelzellen in österreichischen Gefängnissen! – Bald auch für ganz »schwere Jungs«

Nestbau und Aufzucht der Jungen

Mag die Anschaffung einer Nestimmobilie noch reine Prestigesache sein, so stellt die Aufzucht der Jungen plus Kuckuckskinder für die Adulten das wohl schwierigste Unterfangen, bedroht vom ständigen Scheitern, dar.

Einerseits gilt es ja, abgesehen von Nestwärme und ausreichendem Futterangebot, dem Nachwuchs die bestmögliche Ausbildung angedeihen zu lassen, andererseits die stete Gefahr von Prädatoren und Verführern, manchmal sogar im Priestergewand, abzuwenden.

Der freundliche Märchenonkel

Beruf und Familie – grüne Ideale und graue Wirklichkeit!

Im Audimax anno 2040

Während unsere Studenten für ein besseres Bildungssystem kämpfen,
haben unsere Kinder ganz andere Sorgen ...

Zeugnistag in Salzburg und Kärnten

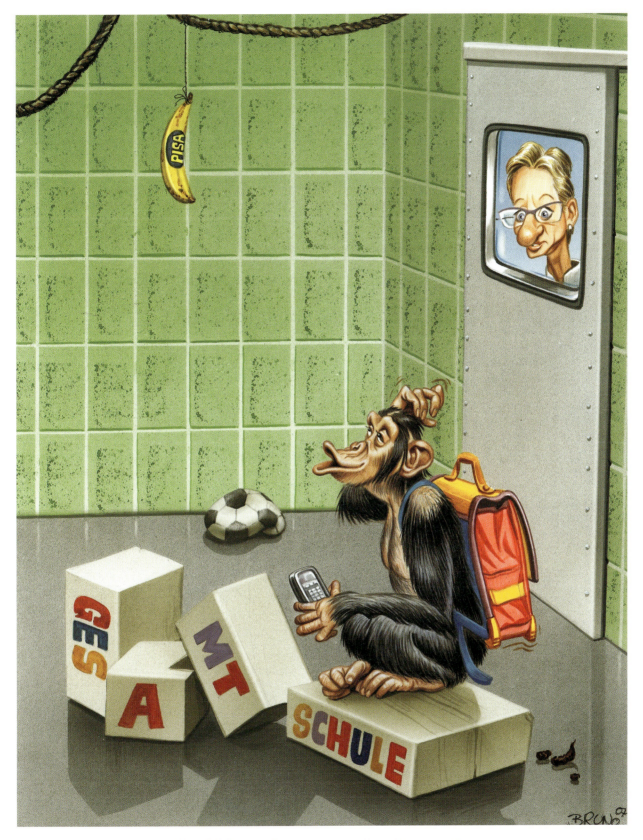

Die PISA-Studie: ein unnötiger Dressurakt

Die EU möchte den Akademikeranteil in der Bevölkerung auf über 40 % erhöhen! – Taxifahrende Ärzte und Pädagogen auf Baustellen bekommen bald intellektuellen Zuwachs …

Komasaufen

Waffen – eine wahre Argumentationshilfe im Familienstreit

Vorsicht, Scheidungsfalle: Urlaub!

Kalifornische Gefängnisse sind zu laut, zu hell und einfach fad! – Paris Hilton gibt ihr Bestes, um damit fertigzuwerden ...

Wieder steigende Geburtenrate zur Sicherung des Pensionssystems? – Da die »Jungen« immer weniger Kinder bekommen, nehmen dies jetzt unsere Senioren selbst in die Hand …

Ohne Worte

Wie lange noch werden junge Österreicher grausam von der Mutterbrust gerissen,
um an den Schlachtfeldern von Boden- bis Neusiedler See zu dienen?

Fressen und Gefressenwerden

Die Schöpfung trägt die Handschrift eines strengen, bisweilen gnadenlosen Herrn. So wird man bei aller Pracht am göttlichen Buffet kein Pardon vorfinden. Wer sich zu langsam oder zögernd zeigt, geht mit leerem Magen zu Bett oder landet letztendlich selbst im Magen eines anderen.

Für einen jungen Menschen wird ein Traum wahr! – Josef Pröll sucht den Superpraktikanten …

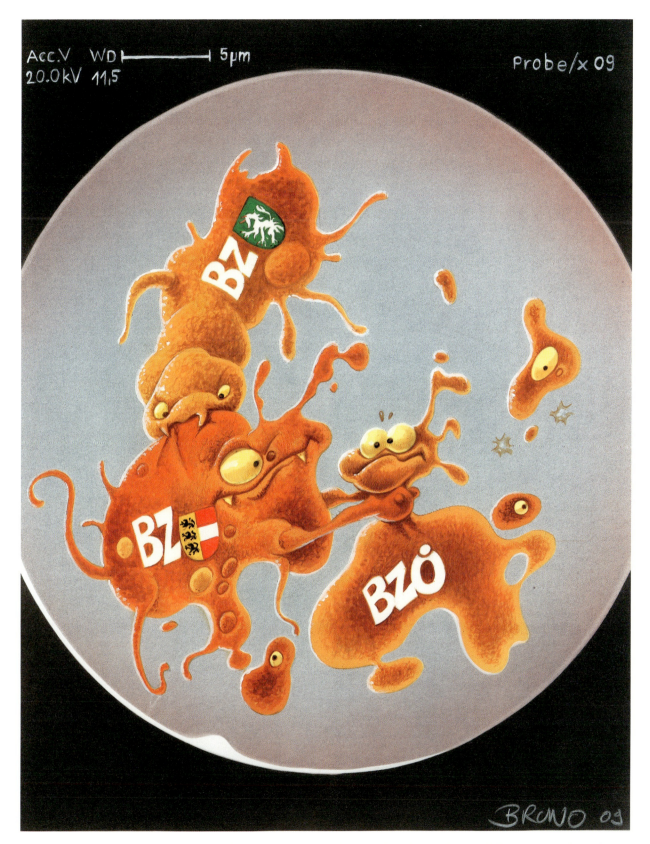

Vergrößerung 1:1500 – Betrachtungen unter dem politologischen Elektronenmikroskop

Nicht vergessen! – Herbstzeit ist auch Lesezeit …

Bei weiter steigenden Preisen dürfte das organisierte Verbrechen den illegalen Lebensmittelhandel bald für sich entdecke ...

Die große Koalition: etwas anders als angekündigt …

Auf der Scheidungsmesse

Trainer Hickersberger und sein Team: vor der EM wild und angriffslustig wie noch nie!

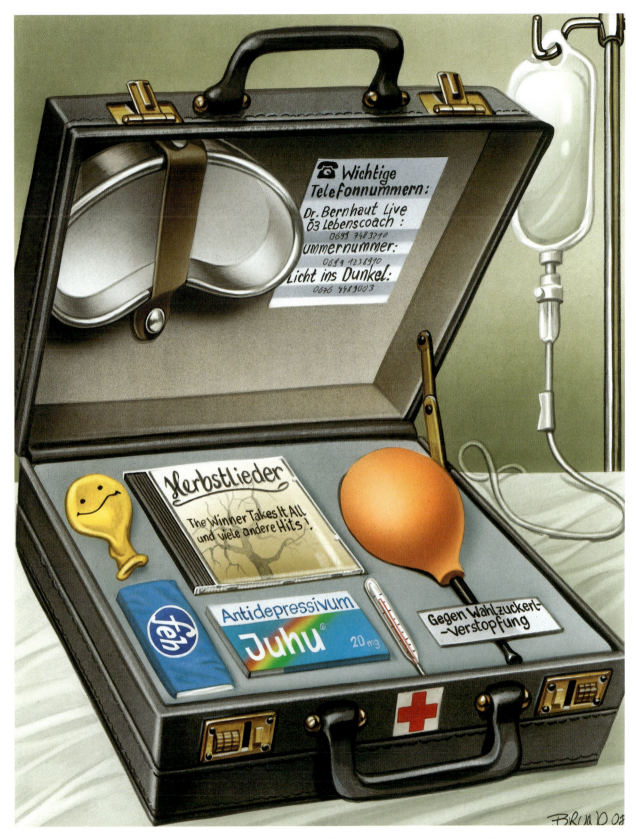

Erste-Hilfe-Koffer für Politiker zur Nationalratswahl

In Nordkorea, laut Diktator Kim Jong-Il dem letzten Paradies auf Erden, werden wieder einmal die Nahrungsmittel knapp …

»Wir prostituieren aufs Allerschärfste!«

Firmenkapitäne in höchster Seenot

Die Sache mit der Staatsgarantie ...

Sushi: asiatisches Wildbret

1000 kg schwere Riesenmäuse – wie in grauer Vorzeit – würden der heutigen »Mäusejagd« einen neuen reizvollen und waidmännischen Aspekt verleihen ...

Wahrer Luxus

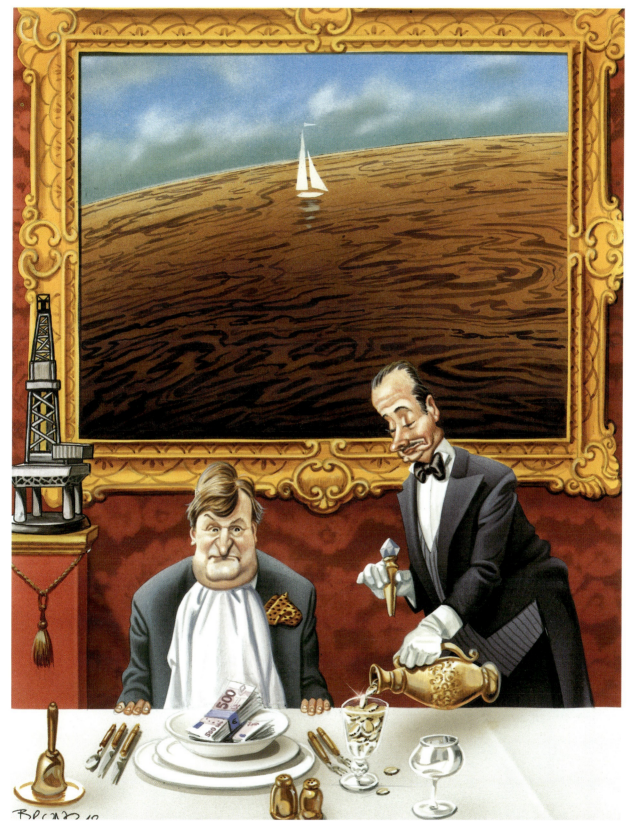

Bon appétit!

Fette Beute

Adventkalender für Manager

Futterräuber und Schmarotzer

Zwar verhasst und gefürchtet, aber ökologisch unentbehrlich, sind Futterräuber und Schmarotzer darauf spezialisiert, sich mit vielen Tricks und wenig Aufwand die Beute anderer unter den Nagel zu reißen. Das sollte nicht weiter beunruhigen. Schärft doch diese allgegenwärtige Bedrohung die Konzentration und Wachsamkeit der potenziellen Opfer. Bei zu günstigen Habitatbedingungen jedoch nimmt deren Zahl explosionsartig zu, was dann letztendlich zu einer echten Plage wird …

Vorsicht! – Räuberbanden werden immer dreister …

Reisewarnung für die Steiermark: »Superreichen wird bis auf Weiteres von Reisen durch Franz Voves' Ländereien dringend abgeraten!«

Auf den Geschmack gekommen ...

Rettungsaktion im Eurassikpark

Der Benzinpreis steigt und steigt ...

Restlessen

Leichenfledderer unter sich

Große Epochen der Menschheitsgeschichte

Tarnung und Täuschung

Bei einer derart hohen Dichte an Rivalen, Prädatoren und anderen Nervensägen ist es oft besser, sein wahres Ich zu verbergen. Aber auch um sein Fortkommen zu sichern, geben manche vor, inexistent oder ganz einfach jemand anderer zu sein. Hierbei ist richtige Selbsteinschätzung und ein gehöriges Maß an Selbstkritik unentbehrlich. Denn schlechte Tarnung fliegt sofort auf und ist im besten Fall einfach nur peinlich.

Eine EU-Kommissarin, geeignet für alles ...

Gusis Wundermittel: die große Hoffnung aller Bürger ...

Die ORF-Requisitenkammer

Griechische Pein

Tschad! – Ein Flüchtlingslager der anderen Art …

Rätselsuchbild: In dieser nordafrikanischen Wüstenei hat sich eine Eliteeinheit des österreichischen Bundesheeres versteckt …

Und immer wieder: die Vorwahl-Zaubershow

Statt Intelligenztests für 3-Jährige sollte man lieber den Geisteszustand unserer Politiker erforschen ...

Allentsteig, September 2009: Eine Panzergranate verfehlt bei einer Übung ihr Ziel um lächerliche drei Kilometer. Technisches oder menschliches Versagen?

Zur Aufbesserung ihres Soldes bieten österreichische Bundesheerler militärische Informationen auf dem internationalen Spionagemarkt feil ...

Aussage vor dem Untersuchungsausschuss unter Wahrung des Steuergeheimnisses

Wirkliche Kontrolle oder parlamentarische Beschäftigungstherapie?

Revier- und Rangkämpfe

Der Kampf um Revier, Rang und Ehre wird vorwiegend vom Männchen ausgetragen. Dabei wird der sonst dicht am Körper anliegende Kragen aufgefaltet und das Maul so weit wie möglich geöffnet, um viel größer zu wirken, als man tatsächlich ist. In Wirklichkeit erreicht das Männchen nur eine bescheidene Körpergröße, wobei der größte Teil auf den Schwanz entfällt.
Allfällige, bei diesem Spektakel entstehende Kollateralschäden, werden üblicherweise von den Weibchen behoben …

Die Parlamentsklubs der Anständigen

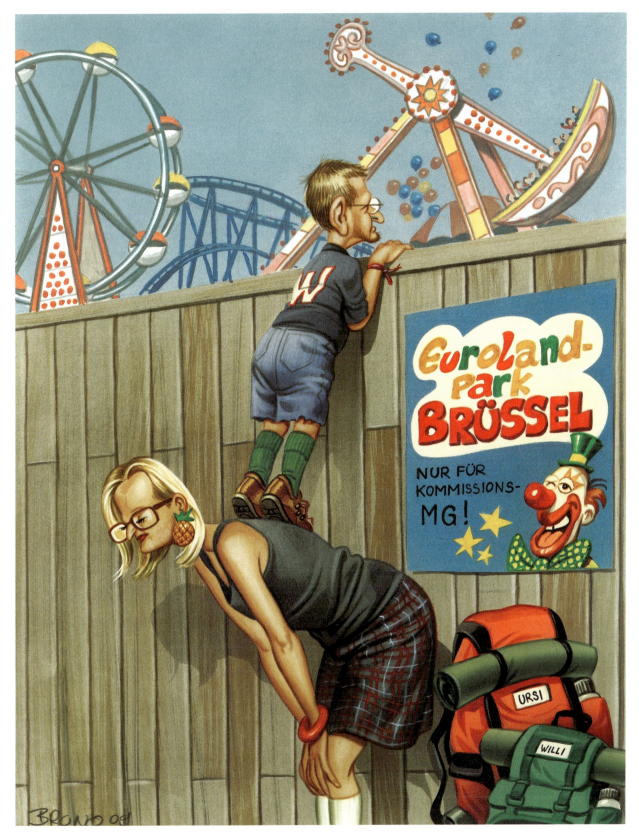

Ein-Blick ins »gelobte« Land

Fritz Neugebauer: ein schwieriger Verhandlungspartner für unsere zierliche Unterrichtsministerin

Strache – der Rächer der Enterbten

Sarah Palin als mögliche US-Vizepräsidentin? – Nach der weltweiten Finanzkrise eine weitere Gefahr, die auf uns zukommen könnte …

Die Diskussion über die Entwicklung des Lebens nach einem »intelligenten Design« spaltet weiterhin die amerikanische Öffentlichkeit ...

Schluss mit lustig! – Nach dem letzten SPÖ-Parteitag weht dem Koalitionspartner ÖVP ein rauerer Wind entgegen …

Nach der Wahlschlacht der Männer kehren die Frauen in den Politring zurück ...

Freibeuter der Meere

Rote Ballkunst vom Feinsten

Die Vertreibung aus dem Paradies

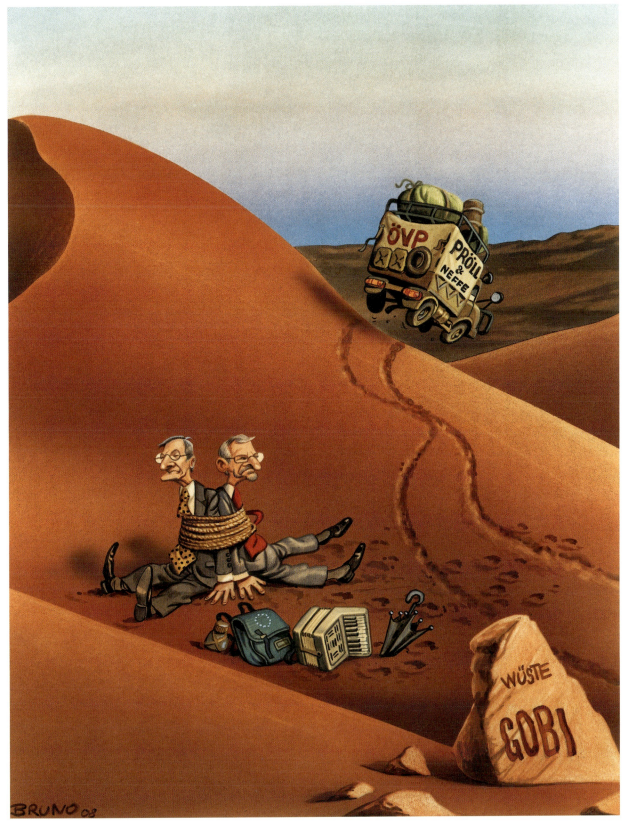

Eine Ära geht zu Ende

Die Lieferung aus Russland ist da! – Väterchen Frost statt wärmendes Gas …

Endlich kommt Bewegung in die Verhandlungen ...

Hermann Maier will es doch noch einmal wissen: Winterspiele 2050!

Die Fußball-WM – für viele ein tolles Sportereignis, für Diego Maradona ein bisschen mehr!

Das Territorium

Mag es auch noch so klein und unbedeutend erscheinen, das eigene Territorium will eifersüchtig bewacht und kontrolliert sein. Gilt es doch, die mit dem Hoheitsrecht verbundenen Vorteile, wie den Besitz der auf dem eigenen Gebiet befindlichen Werte, die beweglichen (z. B. Weibchen) und unbeweglichen (z. B. der Schrebergarten), vor potenziellen Rivalen und Störenfrieden bis zum letzten Blutstropfen zu verteidigen. Oftmals genügt aber das Versprühen von Urin und kleine Drohgebärden, um sein Revier »sauber« zu halten.

Wie Alfons H. machen sich viele Gedanken über die Zustände in unserem Land …

Rätselsuchbild: In einer wunderschönen abendländischen Landschaft hat sich ein schiaches Minarett versteckt ...

Während B. Obama die ganze Welt in seinen Bann zieht, kämpfen die Politiker hierzulande mit einem gewissen Provinzialismus ...

Warum denn in die Ferne schweifen …?

Neue Fischgründe

Bundesheerpräsenz in grenznahen Gebieten zur Förderung des subjektiven Sicherheitsgefühls in der Bevölkerung

Schon bald ein Grundwehrdiener für jeden Burgenländer?

Rote Flurschäden

CERN—WIEN: die Angst vor schwarzen Löchern

Nach der Fußball-EM: Fanzonen-Recycling

Amts- und Schlüsselübergabe

Was kümmert's die Eiche …

Rauchen in Lokalen? – Jetzt nur noch in eigens geschaffenen Räumlichkeiten möglich ...

101. Störfall in Temelin! – Liebe Prager Regierung: »Was sagt Ihr Hausverstand?«

Alte Asylanträge werden jetzt zügig bearbeitet! – Frau Dragica S., seit 50 Jahren unerlaubt hier aufhältig und wegen Mundraub im Altersheim amtsbekannt, wird jetzt endlich in ihre Heimat abgeschoben.

Ohne Worte

Der Volkskanzler auf dem Weg zum Büro

Alfred Gusenbauer – ein Mann geht seinen Weg!

Herdentrieb

Befreit vom unsäglichen Stress des selbstständigen Denkens und Handelns, drängen sich die einzelnen Individuen dicht an dicht, um ...
– Ja warum nur?!
Wurscht! – dabei sein ist alles ...

Massive Einsparungsmaßnahmen bei der AUA unter dem neuen Eigentümer!
Vor allem beim Personal …

Olympischer Fackellauf der Superlative: von den höchsten Gipfeln
zu den größten Untiefen ...

Roter und schwarzer Hooligansektor

Die Fußball-EM in Österreich hat in jedem Fall ihre sichtbaren Spuren hinterlassen ...

Auch der schönste Skiurlaub hat einmal ein Ende …

»Nur« drei Goldene in Aare! Die österreichischen Sportfans stehen vor dem Abgrund. – Götterdämmerung im heimischen Skilager …

Und es bewegt sich doch …

Dank »Sex and the City« kommen schwere Zeiten auf Österreichs Damenwelt zu!

Endlich – die Fußball-WM hat begonnen …

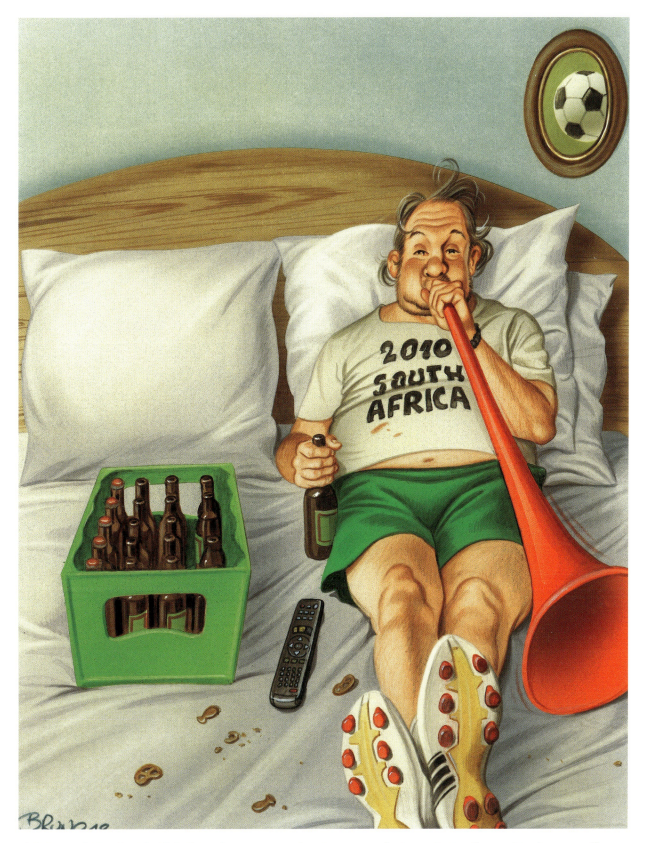

Während der Fußball-WM wird so manche Partnerschaft auf eine harte Probe gestellt ...

Kräftige Unterstützung für die Polizei:
Die Post bringt allen was!

Metamorphose

So manches Weibchen hat sich schon eine knackige Kaulquappe angelacht, um dann nach Jahren an ihrer Seite eine träge, fette Kröte vorzufinden.

Hier ist aber Nachsicht geboten. Im Gegensatz zu Tarnung und Täuschung gilt bei metamorphen Veränderungen auf alle Fälle die Unschuldsvermutung.

Es besteht ja immer auch noch die Hoffnung, dass aus einer fetten Kröte irgendeinmal ein Tiger wird …

Fußballett!

So mancher Feuerteufel ist in den Reihen der Feuerwehren zu finden! Durch psychologische Tests könnte man die falschen Floriani-Jünger schon im Vorfeld entlarven …

Gusis Politzirkus: Nichts für schwache Nerven!

Alf, der Ybbser Spaßvogel

Willi Molterer voll Zuversicht: »Es reicht!«

Vom Österreicher zum Europäer

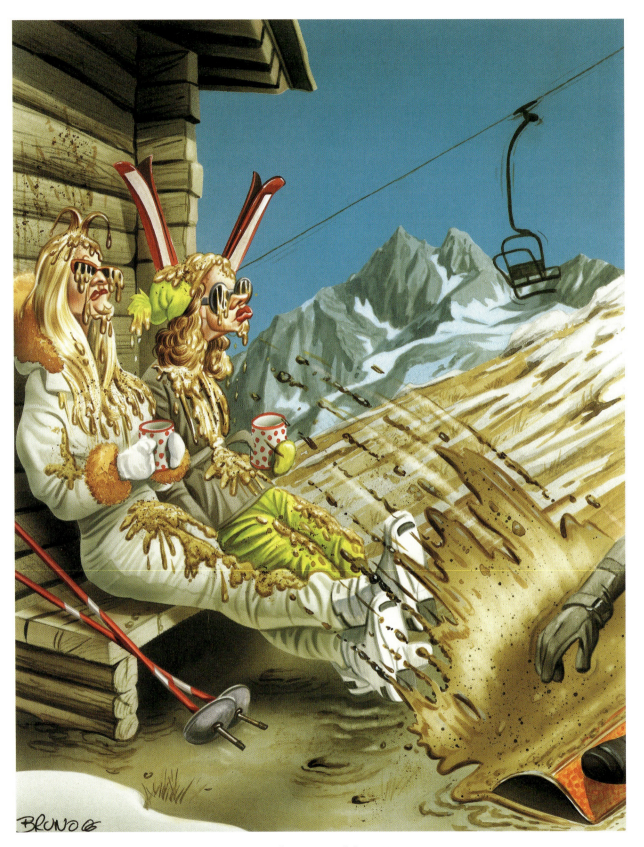

Pistenzauber im milden Winter

Lästige Gelsen auch im Winter, und:
Wie Norbert Darabos Verteidigungsminister wurde ...

Die US-Raumfahrtbehörde NASA lässt durch Gerüchte
über alkoholisierte Astronauten aufhorchen ...

Ende der Pflegeamnesie – Die Jagd kann beginnen!

Die ORF-»Sommergespräche« – Freilufttheater der besonderen Art …

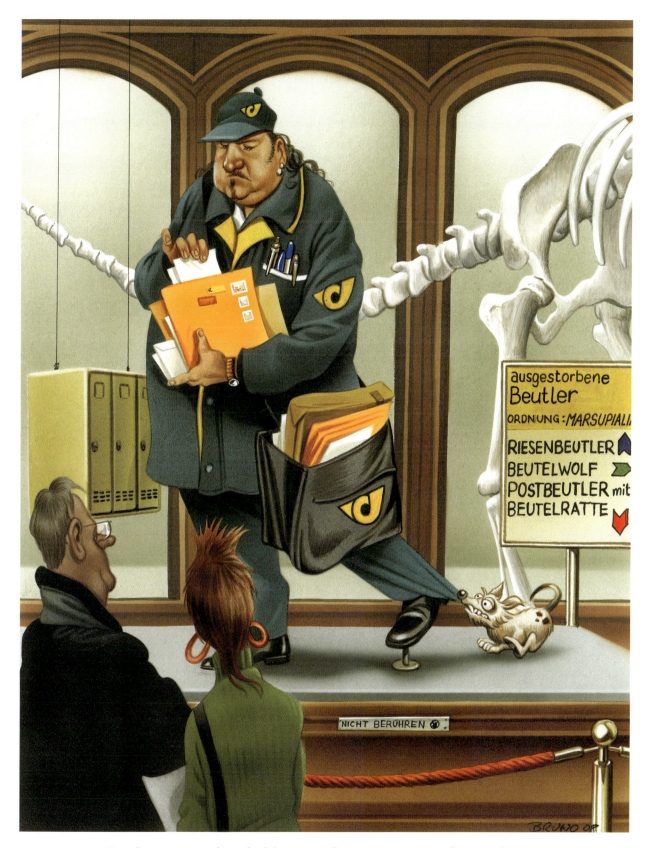

Postbeamte – schon bald nur noch im Museum zu bewundern …

Klimawandel im ÖVP-Wetterhäuschen

Kampfhundeführschein

Tierversuche zum Wohle des Wintertourismus